LUTTE
DU PARTI CONSERVATEUR

ET

DE L'OPPOSITION

DANS LE PAYS ET DANS LES CHAMBRES,

Par M. l'Abbé CHAILLOT,

Ancien Professeur suppléant d'éloquence sacrée à la Sorbonne,
Chanoine honoraire de Bordeaux,
Eligible du deuxième arrondissement de Paris.

PRIX : 50 c.

Paris.

LE NORMANT, 8, RUE DE SEINE-SAINT-GERMAIN.
DENTU, PALAIS-ROYAL, GALERIE D'ORLÉANS.

—

Paris. — Imprimerie LE NORMANT, rue de Seine, 8.

LUTTE

DU PARTI CONSERVATEUR

ET

DE L'OPPOSITION

DANS LE PAYS ET DANS LES CHAMBRES,

Par M. l'Abbé **CHAILLOT**,

Ancien Professeur suppléant d'éloquence sacrée à la Sorbonne,
Chanoine honoraire de Bordeaux,
Eligible du deuxième arrondissement de Paris.

Paris.

IMPRIMERIE LE NORMANT, 8, RUE DE SEINE-SAINT-GERMAIN.
—
1846.

LUTTE

DU PARTI CONSERVATEUR

ET

DE L'OPPOSITION

DANS LE PAYS ET DANS LES CHAMBRES.

L'opinion publique qu'agitait naguère le vent de l'opposition, jouit enfin de quelque paix ; et quel admirable spectacle que celui d'un peuple laborieux, modéré, content de son sort ! Mais on l'avait remué ce peuple, le plus moral de tous ceux qui existent, en lui disant : Arrête ta charrue, suspends ton marteau, cesse de te reposer à l'ombre de ta vigne ; on te vend, on t'humilie ; on usurpe ta puissance, c'en est fait de ton honneur et de ta liberté ! Et ce peuple généreux, qui sacrifierait son champ et sa famille plutôt que son honneur et sa liberté, grondait sourdement comme l'Océan à la veille d'une tempête. Qui a rétabli le calme ? Le temps, ce grand moyen de la Providence et des hommes. Partout le peuple reprend son travail, ses plaisirs et le chemin de nos temples. Mais le vent qui apporte l'orage ne va-t-il pas souffler de nouveau du haut de la tribune publique? Là est notre danger. Opposer des vérités éloquentes à des erreurs éloquemment exprimées, sera chose facile au parti Conservateur, qui a déjà fait ses preuves. Mais à la veille de ce combat, dont l'issue sera si importante pour nos destinées, que tous les hommes éclairés et dévoués à leur pays se coalisent! Qu'ils publient hautement et fermement leurs opinions conservatrices! Cet accord donnera au pouvoir plus de confiance, à la majorité plus d'élan.

Pour moi, quoique je sois à mon début dans la presse politique, j'oserai comparer les politiques extérieure et intérieure du parti Conservateur et de l'Opposition dans ce qu'elles ont de plus fondamental et de plus large. Cet écrit pêchera sans doute par plus d'un endroit; mais du moins il portera le cachet d'une conviction sincère.

Aujourd'hui encore je pourrais choisir ma ligne, et je n'ignore pas que l'Opposition accueillerait dans ses rangs un prêtre qui est indépendant par sa position et qui n'est pas étranger aux études politiques et à l'habitude de la parole; plus même je tendrais ma voile au vent populaire, plus je recevrais d'encouragement : marche, marche, me dirait-on, les coups que la main d'un prêtre portera au pouvoir seront plus remarqués que d'autres. Qu'ai-je à attendre en suivant les Conservateurs? Des places? Je n'en ai pas besoin. Mon caractère me rend impropre aux emplois des diverses administrations, et obligé de me reposer après vingt-cinq années consacrées à l'enseignement théologique et au saint ministère, je ne suis plus dans la voie des honneurs ecclésiastiques. Je pourrais, il est vrai, dans ma retraite aspirer à la députation pour défendre à la tribune non-seulement les intérêts du peuple, mais aussi les droits de l'Eglise, sa hiérarchie que la démocratie attaquera avant peu (d'autres défendent plus particulièrement les droits de l'armée ou de la magistrature); mais je connais assez mon temps pour être sûr que le chemin le plus court et le plus brillant pour arriver à la Chambre n'est pas pour un prêtre le chemin le plus droit et le plus large. Êtes-vous inconnu en politique? N'avez-vous pas, par vos charges, votre commerce et votre industrie, de nombreuses relations dans un collége électoral de province? Attaquez vigoureusement le pouvoir à Paris, aussitôt on vous remarque; vous êtes un homme de courage, de talent; on vous pousse en avant : vous serez député avant peu. Les minorités sont singulièrement enthousiastes. Pourquoi donc vais-je combattre dans les rangs des Conservateurs où je serai perdu dans la foule? Parce que leurs principes, qui sont les plus salutaires et les plus féconds pour le pays, sont les miens; parce qu'il n'y a rien de plus doux pour le cœur de l'homme que d'être estimé par ceux qu'il estime. Voilà mon ambition.

POLITIQUE EXTÉRIEURE.

Si l'Opposition avait entretenu depuis cinq ans

le feu sacré de l'amour de la patrie et défendu l'honneur national, comme elle s'en flatte, nous devrions lui baiser les mains. Oui, le trésor le plus précieux d'un peuple est l'honneur national. Ce sentiment vaut mieux que des places fortes. On prend et on renverse les citadelles et les murailles, mais ce sentiment héroïque, si fécond en choses sublimes, comment l'atteindre? Exterminez le peuple qui le renferme dans son âme, si vous voulez le vaincre.

Mais, orateurs de l'Opposition, depuis cinq ans, qu'avez-vous dit, qu'avez-vous fait? Après huit siècles de luttes acharnées, suspendues seulement par des paix courtes et incertaines, les deux premiers peuples du monde, plus éclairés enfin sur leurs véritables intérêts, se donnaient cordialement la main, et vous n'avez rien épargné pour les irriter de nouveau l'un contre l'autre! La politique extérieure de la France, qui doit être une politique de concours et de bons offices mutuels, vous l'avez appelée une politique de lâcheté et de subordination! le seul mot d'entente cordiale vous transporte de colère! Des jalousies, des défiances, de la haine, voilà ce que vous secouez du haut de la tribune sur les deux pays qui fraternisent! Et c'est ce que vous appelez défendre notre honneur national! Non, c'est rallumer les sentiments mauvais qui ont embrasé le passé; l'égoïsme national, en un mot, que vous confondez avec notre honneur, comme les duellistes confondent le faux honneur avec le véritable. Le bon sens public éteint chaque jour les vieilles rivalités qui ont causé les désastres de nos pères; vous les ressuscitez, ou du moins les empêchez de mourir. Soyez-en fiers! Mais vous sortez donc de l'école d'Aristote ou de Platon qui permettaient de faire tout le mal imaginable aux barbares, et qui défendaient seulement d'en faire aux Grecs, parce qu'eux-mêmes étaient Grecs!

Vos sentiments d'humanité meurent donc sur nos frontières!

Vos esprits n'ont donc pas encore reçu l'admirable lumière du christianisme, qui dit cependant, depuis dix-huit siècles, à tous les peuples : Enfants d'un même père, ne composez qu'une famille! du christianisme qui a brisé les fers des esclaves, sauvé de la destruction les villes et les temples des peuples écrasés sur les champs ne bataille; qui a réformé les lois et adouci les droits des gens; qui brise chaque jour, sans qu'on s'en aperçoive, les liens du commerce et de l'industrie, parce qu'il est universel et qu'il pénètre dans la matière comme dans l'esprit; qui abaisse les monts et comble les vallées qui séparent les nations, et finira, je l'espère, par les réunir en une seule comme l'a voulu Jésus-Christ!

Ah! vous croyez être grands, quand, à la plus légère difficulté avec nos voisins, vous agitez une épée inoffensive à la tribune publique, et vous êtes bien petits! Il vous semble que vous êtes les vrais défenseurs de la patrie et vous foulez aux pieds le premier de nos devoirs : l'amour de nos semblables, quel que soit leur pays! Et cette patrie elle-même, n'est-ce pas vous qui la déshonorez? car enfin, si l'on en croit à vos paroles, la France est humiliée, vendue à l'Angleterre, outragée, et la France ne le sent pas; ou, si elle le sent, elle ne se bat pas avec l'Angleterre! Le pays des braves est donc devenu un pays de lâches? Voilà ce que vous faites entendre à l'étranger. Dites après cela que vous prenez soin de notre dignité.

Oh! je sais bien que si dans la discussion prochaine, l'Opposition parvenait seulement à déplacer trente voix à la Chambre et s'emparait du pouvoir, elle adoucirait aussitôt son langage; elle s'appliquerait à faire disparaître les difficultés avec le même zèle qu'elle a mis à les faire ressortir. Ce qui lui a paru une monstruosité dans le passé, ne serait plus qu'une toute petite misère sous son ministère. Mais vous qui connaissez les hommes, croirez-vous au succès complet de cette palinodie? De deux choses l'une: ou l'Europe ajouterait foi aux dispositions pacifiques de l'Opposition qui est si belliqueuse quand elle n'est pas aux affaires, ou elle n'en tiendrait pas compte. Dans le premier cas, gouvernés par des hommes qui n'auraient été, à vrai dire, que des fanfarons, nous serions le peuple le plus méprisé du monde. Si l'Europe, au contraire, n'accordait aucune confiance au volte-face de ces Janus qui ont deux visages, l'un pour menacer et l'autre pour sourire; si l'Europe, qui connaît leur vaniteuse faiblesse, craignait cependant leur étourderie et la mauvaise queue qui les pousse en avant, l'Europe se tiendrait aussitôt sur la réserve, sinon sous les armes, et la France serait comme elle en proie à de tristes appréhensions pour l'avenir. En un instant notre crédit perdrait tout le terrain que lui enlèverait la perte d'une grande bataille. Et vous, dont le commerce, l'industrie et l'agriculture ont besoin de relations faciles avec tous les peuples du monde, que gagneriez-vous au triomphe de l'Opposition à la Chambre? Les mêmes hommes qui vous vous font aujourd'hui des avances et des propositions, parce qu'ils comptent sur la paix, les retireraient dès demain, parce qu'ils craindraient la guerre. Soyons prudents, vous diraient-ils; et, avec cette prudence qui ne serait que sensée, qu'arriverait-il? L'agriculteur n'écoulerait que difficilement ses produits, le fermier aurait peine a payer son bail, le rentier cacherait son or, le capitaliste ne prêterait qu'avec réserve, les ateliers languiraient ou se fermeraient.

Et l'Opposition n'aura pas assez de mépris pour des gouvernements qui, plus éclairés qu'à aucune autre époque, se donnent la main par dessus la tête des peuples qui sont encore aigris par un reste du vieux levain remué par l'Opposition elle-même! pour des gouvernements qui, avec une peine incroyable et une sagesse digne d'éloges, préviennent des collisions au loin, les calment quand elles ont éclaté, et évitent de la sorte un embrasement général en Europe! Faites donc partir des vaisseaux avec des instructions moins modérées pour nos représentants aux Antilles, dans les Indes, dans l'Océan pacifique.

Écrivez-leur, Monsieur Thiers : Soyez dignes de la France et de l'Opposition qui la gouverne!... Vous serez magnifique dans votre propre estime; nos braves marins, qui sont plus guerriers que profonds politiques, accueilleront peut-être avec des hurrahs l'arrivée de ces vaisseaux qui porteront dans leurs flancs la guerre et nos destinées. Ils trépigneront de joie en pressentant l'odeur des combats; mais, si la guerre s'allume dans cette arène immense livrée par l'Opposition à l'esprit de discorde et au hasard, qu'y aura-t-il d'étonnant? Ah! vous repoussez l'entente cordiale avec l'Angleterre comme une honteuse dépendance, la coopération que son gouvernement nous offre quelquefois, comme une humiliation pour notre dignité nationale; vous ne comprenez pas, ou plutôt vous feignez de ne pas comprendre que c'est là un immense progrès, que la civilisation n'aura rien à craindre, mais tout à espérer, tant que ces deux peuples, les plus puissants de la terre, seront d'accord; vous voulez je ne sais quel isolement pour la France qui surabonde de force et de vie; vous voulez qu'elle soit inquiète, ombrageuse, susceptible, toujours prête à se battre. Eh bien! si ce n'est pas là allumer la guerre, c'est du moins enlever tous les liens qui retiennent les combattants, et leur mettre à la main les instruments de mort dont ils se servent.

Dites-nous après cela, hommes de l'Opposition, que vous ne voulez pas la guerre. Quoi! vous soufflez sur le feu depuis cinq ans, et vous ne voulez pas qu'à la fin il éclate!

Rendons cette justice à M. Thiers, assez d'autres l'ont attaqué avec une mauvaise foi insigne; il résista de toute sa puissance, en 1840, pour que le char qu'il soutenait ne fût pas emporté vers l'abîme d'une guerre que tous déclaraient insensée dans son origine, et dont personne ne pouvait prévoir quelles seraient la durée et la fin. Et cependant, ô terreur qui n'est pas sortie de notre mémoire, le char et l'attelage n'étaient-ils pas entraînés vers cet abîme avec une rapidité qui allait tout briser? Je ne sais quel vertige s'emparait des esprits : les plus sages ne savaient plus que croire; les journaux de l'Opposition annonçaient chaque matin que la guerre était devenue inévitable; l'anarchie, qui ne craint pas l'Opposition parce qu'elle est sa proche parente, hurlait déjà sur les places publiques, et les étrangers, tirés de leur sécurité par d'effrayants échos, se mettaient à la fin sur leurs gardes. La tempête allait donc devenir universelle. Qui a sauvé notre vaisseau ? l'Opposition? Elle s'est bravement retirée au moment où le péril devenait sérieux. C'est le Roi qui a saisi tout à coup, et il en était temps, la barre du gouvernail, et le parti Conservateur qui s'est mis avec ensemble et résolution à la manœuvre.

Et l'opinion publique et les votes de la Chambre, en donnant gain de cause à l'Opposition, la rappelleraient aux affaires! Voulons-nous donc que bon gré mal gré, mais amenée à cette dure nécessité par la force fatale de ses principes et de ses antécédents, l'Opposition arme de nouveau cinq cent mille hommes qui ne tireront pas un coup de fusil, qu'elle achète à grands frais chez l'étranger une nombreuse cavalerie qui ne fournira pas une seule charge, qu'elle fasse d'immenses approvisionnements que le temps seul dévorera, et qu'elle expose à la risée de l'Europe le peuple que l'Europe a reconnu pour son maître sur tant de champs de bataille? voulons-nous que l'Opposition nous coûte autant de millions pendant huit autres mois de forfanterie ridicule que Napoléon pendant quinze années de gloire? Pour que notre honneur soit sauvegardé et pour que la paix du monde ne dépende pas d'une étourderie et d'un caprice, ce n'est pas aux mains sages et vaillantes de l'Opposition que notre avenir doit être confié. Loin de nous ces agitations factices que son humeur inquiète ne suscite que trop souvent et qui sont si dangereuses. N'avons-nous pas donné assez de preuves de notre bravoure pour tenir avec dignité notre épée dans le fourreau et la déposer sans crainte auprès de nos charrues et des instruments pacifiques de notre industrie? Soyons sûr qu'il n'entrera jamais dans l'esprit d'aucun peuple de nous faire reprendre cette épée par ses mépris. Ceux qui vous le disent vous font injure. Peut-on oublier votre gloire? Montrons au monde l'exemple d'un peuple vieilli dans les combats, tout à la fois paisible et fort : ce peuple sera tout aussi respecté qu'un peuple batailleur. Prendre ce dernier caractère, ce serait pour la France dégénérer. Ce n'est pas après avoir vaincu l'Univers qu'on descend avec honneur dans une misérable arène. Quand le peuple romain l'a fait, il s'est déshonoré.

Nos conquêtes aujourd'hui doivent être toutes pacifiques. Nous avons subjugué le monde par notre littérature et nos armes, il nous reste à le conquérir par nos institutions. Quel ascendant nous prendrions en Europe si, déjà soutenus par l'Angleterre, l'Espagne, le Portugal et la Belgique, nous avions des alliés sincères au delà des Alpes et du Rhin ! La civilisation serait-elle alors en progrès? Mais savez-vous qui nous arrête ? nos propres dissensions sans cesse envenimées par l'Opposition. Voyez, dit-on, en Italie et en Allemagne, ils ne sont jamais en paix. C'est ainsi que l'Opposition environne notre influence de funestes défiances; et le plus fier monarque du Nord, qui n'a jamais cessé de compter sur une conflagration générale, nous montre de la pointe de son épée à ses hordes sauvages toutes les fois que l'Opposition prend de l'ascendant en France, et leur dit : Un jour, tous ces peuples constitutionnels seront votre proie.

Honorons nos institutions par notre calme; que nos folles querelles ne gênent plus le développement déjà si beau de notre commerce et de notre industrie, et l'Allemagne et l'Italie envieront nos institutions. Alors, soyez en paix : l'Europe civilisée n'aura rien à craindre. Fortifions donc le parti Conservateur à la Chambre; quoique accusé de lenteur et de lâcheté, il fera mieux pour la France et le monde entier que le parti de la Propagande.

Voilà la bonne et la grande politique. Que l'Opposition nous parle donc encore de la reine Pomaré, de l'indemnité Pritchard et même du traité avec le Maroc! Quelle pitié que de voir d'admirables talents s'échauffer à froid et s'efforcer de faire passer dans le public une indignation qui n'est pas dans leur âme! Éterniser des accusations de cette importance, c'est témoigner la pauvreté de ses moyens d'attaque et tomber dans une exagération ridicule. Quoi! pour porter le coup de grâce à l'innocente Pomaré, et ne payer que bien juste la valeur des pots cassés du pharmacien Pritchard, nous mettrions le feu aux quatre coins de l'Europe, et nous ferions envoler en fumée des centaines de millions! Quoi! la modération après la victoire est une honte, et pour obtenir douze millions de l'empereur du Maroc, il fallait dépenser le dernier écu de la France! Mais, Messieurs de l'Opposition, que feriez-vous, si demain l'indécision de la Chambre des Députés vous faisait monter au pouvoir? Déchireriez-vous à la tribune le traité de paix avec le Maroc? enverriez-vous une flotte formidable pour canonner la hutte de Pomaré, qui ne veut pas absolument jouir de la vie privée et placer sa royale postérité sous notre protectorat? Diriez-vous à l'Angleterre : Réglons nos comptes; rendez-nous les sous et centimes que votre Pritchard a reçus de trop, sinon la guerre? Eh mon Dieu non! vous diriez à la tribune, en phrases plus magnifiques il est vrai: Ce qui est fait est fait; y remédier impossible! mais les ministres, auteurs de notre honte et de notre ruine, sont partis; et nous sommes à leur place, et c'est là l'essentiel, ô peuple candide!

Je comprends cette tactique; le pays la comprend aussi. On vous juge maintenant, hommes de l'Opposition. La vérité se fait jour. Le pays n'a plus que de l'indifférence pour vos doctrines; prenez garde qu'il ne les méprise.

Comparons maintenant la politique intérieure du parti Conservateur et de l'Opposition.

POLITIQUE INTÉRIEURE.

Combien je voudrais présenter à mes concitoyens un tableau ou un symbole de la politique intérieure la plus convenable à la France, selon l'Opposition! Mais comment le faire, quand les diverses fractions de l'Opposition nous donnent chaque jour des articles qui ne peuvent pas s'allier ensemble? Si j'avance que l'Opposition veut conserver les lois de septembre, M. Thiers me dit qu'il n'a pas songé à les renverser, qu'il hésite encore à ce sujet; mais M. Odilon Barrot s'indigne pour cela contre M. Thiers, malgré tout son désir de vivre en bonne intelligence avec lui. Non pas! non pas! s'écrie-t-il; l'Opposition ne veut pas de ces abominables lois! Si je dis que l'Opposition se propose d'élargir le cercle électoral, de manière à y comprendre cinq ou six cents mille électeurs, la gauche, représentée par le *Siècle*, sourit de contentement, car c'est à son œuvre que le *Siècle*, qui est modeste, applaudit. Mais le

centre gauche, que le *Constitutionnel* représente
avec tant d'éloquence, comme on sait, ne dit ni oui
ni non. Il voudrait dire oui, le complaisant bon-
homme, pour s'allier avec la gauche et arriver avec
elle au pouvoir; mais il voudrait dire non, pour ne
pas se brouiller tout-à-fait avec les Conservateurs.
Pauvre *Constitutionnel!* c'est là un embarras extrême,
qui nous rappelle l'embarras d'un animal qui n'avait
pas autant d'esprit que toi, mais qui se trouvait placé,
lui aussi, entre deux pitances! D'un autre côté, l'extrême gauche et le parti républicain rient comme
des bienheureux de la belle réforme électorale qui
vient de sortir du cerveau fatigué du *Siècle*, après
une grossesse qui date de quinze ans. Cinq ou six
cents mille électeurs! en vérité, ce serait bien la
peine de sacrifier son temps et même sa fortune,
(les journaux de l'Opposition se ruinent) pour obtenir si peu! Eh Messieurs! autant vaudrait présider
un concile des nouveaux catholiques d'Allemagne,
ou une assemblée de philosophes éclectiques dispu-
tant sur l'idéologie et le dogme!

Tachez donc d'être d'accord ensemble! Imitez tous
l'exemple touchant de M. Odilon Barrot et de
M. Thiers. Ces deux grands hommes vont, dit-on,
sacrifier enfin leurs différends sur l'autel de la patrie.
La gauche et le centre gauche se marient, et cela
dans les vues les plus nobles, les plus désintéressées!
Il est vrai que M. Odilon Barrot, après ce mariage,
ne ressemblera guère à l'auteur du compte-rendu,
que M. Thiers aura dépouillé la loi sur les fortifica-

tions, la loi sur la régence, les lois de septembre,
qui le couvrent des pieds jusqu'à la tête. Mais pourquoi leur chercher querelle pour si peu? S'ils n'ont
plus sur leurs puissantes épaules l'habit libéral, d'une
seule nuance, qui vous charmait, s'ils sont habillés
en bigarures, soyez tranquilles, ces messieurs ne tien-
nent pas plus à ce vilain habit qu'aux précédents.
Que feront-ils pour le peuple? quelles lois, quelles
réformes seront les fruits de ce mariage, qui promet
d'être si paisible et si fécond? voilà l'important.

Eh bien, ô peuple, réjouis toi! aides seulement la
gauche et le centre gauche à expulser cette pauvre
majorité de la Chambre, et dès demain le couple ra-
dieux va te présenter la plus admirable loi : celle qui
te donnera du pain quand tu auras faim, et que dis-je?
celle qui te ramènera l'âge d'or, la grande réforme
électorale! Aujourd'hui, comprenez-le bien, c'est au
chef-lieu de leur arrondissement que votent les électeurs; là est la cause de tous nos maux. Car que
peuvent faire deux ou trois cents électeurs, en présence d'un sous-préfet qui les magnétise du regard,
qui leur promet monts et merveilles, s'ils votent pour
le gouvernement? Les malheureux sont fascinés et se
vendent. Transportez au contraire les élections au
chef-lieu du département, tout est sauvé. Les élections deviennent pures comme de l'or, pures comme
la conscience de l'Opposition. Car quelque séduisant
que soit M. le préfet, il échouera en présence de cinq
ou six mille électeurs (c'est le petit chiffre du *Siècle*). Eût-il autant de mains que Briarée, ce ne serait

pas assez pour en donner des poignées à chacun. M. le préfet en perdra la tête. Et le pays votera suivant sa conscience ; cela est évident.

Les pauvres électeurs auront, il est vrai, cinquante lieues à faire au lieu de deux ; ils diront adieu à leurs femmes, à leurs enfants, à leurs affaires, pour dix jours au lieu de trois ; ils dépenseront pour le public cinq cents francs au lieu de cinquante, ils coucheront pendant huit jours à la belle étoile, si le chef-lieu est trop petit pour les loger ; mais qu'importe ? Est-ce que l'Opposition n'est pas toute dévouée aux électeurs ?

Aujourd'hui, comprenez-bien encore ceci : avec la loi électorale qui nous régit, il faut absolument avoir cinq cents francs d'impositions pour être éligible ; avec un centime de moins, vous n'êtes plus digne d'être admis parmi les honorables. Eh bien, qu'en résulte-t-il ? c'est que parmi ces richards, qui s'endorment sur les bancs de la Chambre, il y a un grand nombre d'ignorants. Mais ne demandez plus ce cens d'éligibilité, ainsi que le veut la loi électorale que l'Opposition nous tient en réserve ; cherchez vos représentants parmi les hommes qui ne paient que dix francs d'impots, et que dis-je ? parmi les hommes qui ne paient rien du tout, aussitôt vous apparaissent des Montesquieu et des Rousseau par milliers ; vous ne saurez lesquels prendre. Honte et exécration à la loi qui a empêché tous ces grands hommes de se produire jusqu'à ce jour ! Le siècle dernier n'a eu qu'un Rousseau, n'est-il pas raisonnable de faire une loi électorale tout exprès pour sa mémoire ? Et ne suffit-il pas d'être pauvre comme le citoyen de Genève, pour avoir son génie? Il est vrai que la France sera obligée de payer des places à la diligence pour tous ces grands hommes restés dans l'obscurité, de les loger en garni et de les nourrir pendant six mois au restaurant à Paris; mais c'est un excellent moyen d'alléger notre budget, cela n'est pas moins évident.

Aujourd'hui qu'il est donc facile de corrompre un électeur qui a dix mille livres de rente, un commerce étendu ou une ferme importante! Proposez à cet homme qui n'a besoin de rien, un petit chemin vicinal, un tableau pour son église ou cent francs comptant, et il va vendre sa voix, l'indigne! Mais que ce même homme n'ait plus que cent écus de revenu, il sera incorruptible! L'opposition le maintient.

De même pour les députés, avec cinquante mille livres de rente et des places de président de Cour royale, ils se vendent, les abominables, pour faire un petit neveu ou un filleul percepteur de village! Mais que ces mêmes députés n'aient ni feu ni lieu, qu'ils aillent tous les mois toucher au ministère des finances un billet de mille francs, pour payer le loyer de leur chambre et les cartes du restaurateur à Paris, jamais ils ne vendront leur conscience, fût-ce pour devenir receveurs généraux ou préfets! L'Opposition nous l'affirme.

L'Etat vacille quelquefois, quoique soutenu par des hommes qui ont intérêt à ce qu'il se conserve. Eh bien, donnez-lui pour soutiens des hommes qui auront intérêt à le renverser, parce que d'abord ils n'ont rien à perdre, et qu'ensuite on trouve toujours quelque chose au milieu de riches débris ; oh ! alors l'Etat ne tombera jamais. Cela n'est-il pas encore évident comme le jour ?

Voilà pourtant les belles conceptions de l'Opposition ! Il faut avouer qu'elle connaît à fond le cœur hnmain et qu'elle possède, comme on dit, son histoire sur le bout du doigt. Jusqu'ici j'avais eu la simplicité de croire que la meilleure garantie contre la corruption électorale était la richesse : non, c'est la misère. Témoin sans doute les électeurs de l'Angleterre qui vendent, quand ils sont sans souliers leurs suffrages pour un pot de bière, et les électeurs de Rome et d'Athènes qu'on achetait par centaines avec quelques deniers, quand ils étaient déguenillés. C'était là un spectacle moral ! et tout marcherait à merveille, s'il se renouvelait en France !

Pauvres Conservateurs ! étions-nous donc encroûtés ! Jusqu'ici nous avions cru que l'essentiel était de faire descendre le bienfait de la religion et de l'instruction dans les classes indigentes, de moraliser le peuple, d'achever son éducation, qui se fait tous les jours ; car, incontestablement, le peuple est plus modéré, plus laborieux, plus calme, plus religieux, plus propre à juger les hommes et les choses qu'il y a trente années. Nous avions cru que l'essentiel était d'ouvrir des voies de communication rapides et nombreuses pour le commerce et l'industrie, parce qu'un peuple qui possède quelque chose vaut mieux qu'un peuple d'indigents. Nous avions cru que la révolution de juillet n'avait pas sans doute posé la dernière borne au droit électoral, mais qu'avant de la pousser plus loin, il fallait s'assurer que le peuple qui serait appelé à faire usage de ce droit était, en général, supérieur à la petite gloriole de faire de l'opposition, intelligent et sérieux pour ses plus chers intérêts. Nous avions cru que dans un pays où le plus pauvre ouvrier parvient souvent à se faire riche par son travail et ses économies, et à devenir de la sorte électeur, le droit électoral, quoique susceptible d'extension, devait provisoirement être contenu dans de sages limites, sans que nous encourussions le risque d'être symbolisés par une borne. Nous avions cru qu'à une époque où toutes les carrières sont ouvertes, où les plus petits deviennent, avec un talent de parole remarquable, les plus puissants, les ambitions ne devaient pas être trop exigeantes. Nous avions cru enfin qu'avec les lois qui ont déjà été faites par le parti conservateur, lois qu'il serait trop long d'énumérer, et avec d'autres lois que le parti conservateur prépare, au nombre desquelles se trouve, j'aime à le croire, une loi sur l'enseignement secondaire qui, en maintenant les droits de l'État, ne sacrifiera pas les droits plus sacrés encore des pères de famille, nous avions cru, dis-je, que le peuple pouvait être content du présent et ne pas trop s'inquiéter de l'avenir.

Non, tout sera détestable tant que la belle loi électorale, déjà préparée par le *Siècle*, n'aura pas passé. Il n'y a à cela qu'un petit malheur, c'est que, pour cette loi comme pour toutes les autres qu'elles nous présenteraient, je défierai toujours les diverses fractions de l'Opposition de s'entendre. Une nouvelle loi électorale ne peut être bien faite que par le parti conservateur, parce que lui seul peut la faire avec ensemble et en son temps.

Mais à cette première panacée universelle, l'Opposition n'avait-elle pas joint, il y a deux mois, un second remède non moins efficace pour tous nos maux? Vous vous en souvenez sans doute, vous qui avez lu les admirables articles que notre courageuse Opposition a publiés vers cette époque contre le *gouvernement personnel*. Quel style! et surtout quel héroïsme! Il n'y a plus de bastille, mais il y a une enceinte continue et des forts détachés, et l'Opposition a osé dire (remarquez bien ces paroles) : *Le gouvernement représentatif est corrompu dans sa source, altéré dans ses principes, faussé dans sa marche. Le pouvoir national est usurpé par le pouvoir royal. En Angleterre, le Roi règne et ne gouverne pas; qu'il en soit ainsi en France, et tout ira à merveille.* Si cette hardiesse de l'Opposition n'est pas le sublime du courage civil, je ne m'y connais pas.

Il est vrai que l'Opposition n'a pas été mise pour cela sous les verrous. Il est vrai que le peuple ne se montrant pas fort empressé pour le moment de la suivre dans sa croisade antimonarchique, l'Opposition a ôté cette seconde corde de son arc et l'a mise dans sa poche. Mais viennent les élections générales, et vous verrez si l'Opposition ne sait pas employer toutes ses armes, les vieilles comme les neuves, les émoussées comme les plus tranchantes.

Dignes hommes! à qui donc ferez-vous accroire qu'il est possible à un monarque constitutionnel d'usurper le pouvoir national et d'enchaîner nos libertés?

Est-ce à nous qui avons vu l'infortuné Charles X attaquer nos institutions et ne renverser que son trône? à nous qui avons l'intelligence de notre droit politique et qui savons qu'un monarque constitutionnel, même quand il gouverne suivant le droit que lui en a donné la Charte, ne peut faire aucun mal sérieux à son pays et qu'il n'est libre que pour faire le bien, tant il y a de force dans les liens que lui imposent nos institutions prévoyantes?

S'il signe des traités, la nation entière et nos représentants n'ont-ils pas le droit de les examiner avec la loupe de la prudence et de la délicatesse du point d'honneur? Et pour peu que ces traités nous paraissent contraires à notre dignité ou à nos intérêts, nous gênons-nous pour enjoindre à ses ministres de travailler de nouveau et de nous rapporter quelque chose de mieux? Y a-t-il un sou, un centime dans notre bourse qu'il puisse prendre sans notre consentement? une guerre qu'il puisse entreprendre, une alliance qu'il puisse contracter sans notre permission? Mais ce monarque si redoutable selon vous, nous le tenons par ses ministres qui sont responsables, et sans lesquels il ne peut absolument rien; nous le tenons par les mains de nos Chambres qui, chaque année, passent au creuset de la légalité ses actes, ses paroles; nous le tenons par les mille voix de la presse, cette gardienne infatigable qui le tient toujours en arrêt.

Et vous craignez que ce pouvoir, garrotté, enchaîné, ne dépasse les limites que le peuple lui a imposées par prudence et par amour de ses libertés!

Pour moi, je ne crains qu'une chose, c'est que ce pouvoir n'ait pas toujours la spontanéité et la décision qui lui seraient nécessaires dans les cas pressés et difficiles.

Et une seule chose m'étonne, c'est que ce pouvoir blâmé, quels que soient les ministres qu'il emploie, entouré de mécontents, quelques mesurés qu'il prenne, ne se décourage jamais, et qu'il n'ait pas encore été tenté de jeter tout à la fois par terre ses chaînes et ses joyaux, en disant : J'aime mieux ma liberté individuelle et la paix.

En fait, savez-vous qui gouverne en France? Si vous ne considérez que les détails, vous me répondrez : Le Roi et ses ministres; mais si vous considérez l'ensemble, la haute direction des affaires, non, ce n'est pas le Roi et ses ministres qui gouvernent. Nous n'avons, en cela comme en tout le reste, qu'une souveraine, l'opinion générale. Ne me demandez pas comment elle se forme. Du moment qu'elle existe, on la sent, on la devine. Il suffit d'avoir pour cela des yeux et des oreilles. Qui a conservé notre conquête de l'Algérie? l'opinion générale. Qui a commandé la campagne de Belgique et le siége de la citadelle d'Anvers? l'opinion générale. Qui a empêché notre argent et notre influence d'aller se perdre dans une folle intervention en Espagne? l'opinion générale, que le Roi connaissait mieux que son ministre. En cela nous sommes les maîtres chez nous; nos affaires, c'est nous qui les traitons. Nous avons précisément sous la main ce que cherche partout M. de Lamartine comme la chose introuvable, *le gouvernement par tous ;* mais comme la Charte a établi en même temps un Roi héréditaire qui est assez fort pour empêcher les factions de crier sur les places publiques, c'est bien l'opinion sérieuse et réfléchie du pays qui gouverne chez nous, et non pas quelques minorités turbulentes. Là se trouve la sagesse et la libéralité de nos institutions.

Et l'Opposition voudrait, tantôt par des insinuations perfides, tantôt par des déclamations furibondes, enlever à notre pays l'unité et la perpétuité du gouvernement qui assure notre repos sans empêcher notre volonté de se prononcer et de se faire obéir en souveraine !

Que ferions-nous donc, grand Dieu! de son Roi-machine, de son Roi soliveau, de son fantôme de Roi? Est-ce un Roi de cette importance qui servirait, au besoin, de contrepoids entre les deux Chambres, qui inspirerait à l'armée le respect qui fait la force de la discipline? Qu'il serait donc considéré, s'il était moins Roi que ses huit ou neuf ministres, ou si le gouvernement, en passant dans la Chambre des députés, nous donnait quatre cents monarques au lieu d'un!

On nous parle de l'Angleterre, où, dit-on, le Roi règne et ne gouverne pas; mais sans m'arrêter à vous dire que, même depuis la révolution de 1668, les Rois d'Angleterre n'ont jamais été réduits au rôle misérable qu'a inventé l'Opposition, qu'ils ont toujours nommé et destitué les ministres en consultant l'opinion et en se servant pour cela de leurs propres lumières, que tout en laissant agir les ministres, choisis par eux, ils ont eu une part plus ou moins grande dans le gouvernement, suivant le degré de puissance qu'ils trouvaient dans leur propre capacité, je répondrai à l'Opposition : Il ne s'agit pas entre nous de l'Angleterre, mais de la France. Est-ce que la constitution de l'Angleterre est une sorte d'Évangile politique, également bon pour tous les peuples comme la parole de Dieu même? L'alliance de l'Angleterre vous humilie, et vous nous imposeriez sa constitution comme la perfection absolue, avec la défense expresse d'y rien ajouter et d'en rien retrancher! Est-ce que Montesquieu et les plus grands légistes après lui n'étaient que de petits garçons en politique auprès de vous, eux qui nous ont appris que les institutions sont rarement bonnes au même degré pour deux peuples, à cause de la différence qui existe dans leurs mœurs, leurs habitudes, leur religion et même leur climat?

En Angleterre, le culte de la royauté est encore en honneur. Les lords et le peuple anglais vénèrent pareillement leur jeune Reine et la saluent avec amour. Aucun d'eux ne songe à renverser son trône ni à établir la république sur ses débris. Mais chez nous que reste-t-il de ce culte de la royauté, qui distinguait les Français entre tous les autres peuples? Une froide raison a succédé à notre ancien enthousiasme. Les princes de la dynastie nouvelle seront pleurés à leur mort, s'ils en sont dignes, et aucune oraison funèbre n'aura été aussi éloquente que les regrets unanimes d'un peuple qui est difficile à se passionner; mais les mêmes princes sont reçus sans transports à leur naissance; le peuple ne s'arrête pas pour les voir passer enfants. Il ne les accueille avec faveur que quand ils ont fait leurs preuves à côté de leurs jeunes compatriotes ou qu'ils ont bravement exposé leur vie pour défendre leur patrie.

En Angleterre, vous voyez une aristocratie qui, par sa richesse, sa puissance législative incontestée, sa domination sur le peuple qui cultive la terre peut lutter contre la démocratie: les deux champions se valent. Ils se battront longtemps encore avec des chances diverses, mais sans se terrasser jamais. En France, quelle aristocratie avons-nous? l'aristocratie territoriale? La hache du Code civil la brise aussitôt qu'elle se forme. L'aristocratie de l'argent? cette aristocratie est sans influence sur le peuple; elle est même en butte à ses préjugés. Le peuple profite de son luxe et il a peine à le lui pardonner.

La véritable aristocratie française, c'est l'aristocratie du talent, aristocratie à laquelle peut parvenir l'enfant du peuple aussi bien que l'enfant d'un noble lignage, pourvu qu'il travaille et qu'il ait dans le cœur une étincelle du feu sacré qui fait les hommes supérieurs dans les arts, dans les sciences, dans l'industrie, dans les armes. Que tous ces hommes, qui sont l'honneur de leur pays, ne forment qu'un faisceau de lumières, et nous pourrons nous passer même du fantôme royal que la sagesse de l'Opposition a tiré de son cerveau. Mais l'aristocratie du talent a-t-elle l'union et la solidité d'une aristocratie vieillie dans le sol? Les rivalités, les jalousies, la division, ne forment-elles pas au contraire son atmosphère, et cela dans les arts, dans l'industrie, dans les armes comme à la Chambre? Et c'est avec un Roi sans autorité, et sans influence réelle par conséquent, que vous formeriez de tous ces éléments un tout ou du moins une majorité propre à nous donner la vie et l'impulsion? Non; mais avec votre Roi-machine et des pouvoirs sans union, c'est l'anarchie! l'anarchie dans l'armée comme dans la Chambre, jusqu'à ce que, dévorés à moitié par un nouveau 93, nous nous réfugiions sous le sabre d'un despote.

On a dit que notre gouvernement constitutionnel est la meilleure des républiques; dites aussi que c'est la meilleure des monarchies. Car, d'une part, nous n'accordons pas la confiance illimitée qui a causé tant d'abus dans les monarchies pures, et, de l'autre, nous ne tombons pas dans la défiance exagérée qui est l'âme des républiques, et qui affaiblit le pouvoir en le limitant et en le divisant trop.

Nous avons l'unité des monarchies pures sans leurs excès et leurs priviléges, la liberté des républiques sans anarchie et sans dictature.

Que voulons-nous tous? le progrès. Eh bien, sous quelle autre forme de gouvernement les petits comme les grands trouveraient-ils plus de protection et d'encouragement? Dans notre monarchie, les carrières ne sont-elles pas pareillement ouvertes à tous les talents, à toutes les ambitions, et du moment qu'un homme y sort de la ligne commune, a-t-il à craindre d'être suspect comme dans les républiques, mères fécondes en grands hommes, mais qui les redoutent toujours et souvent les proscrivent? Elles n'encouragent et ne récompensent dignement leurs enfants les plus illustres que quand des citoyens grands comme des monarques, et dignes de l'être, ont adouci leur humeur farouche.

Compromettrons nous donc l'avenir de ce gouvernement, le plus sensé, le plus favorable à tous les développements de l'espèce humaine, et obtenu, après quatre mille ans de révolutions et de cruelles épreuves, par de misérables questions de portefeuilles? Nous avons fait un Roi inviolable, ferons nous jamais des ministres infaillibles? Si l'Opposition nous en tient en réserve quelques-uns de cette nature, qu'elle nous les montre, les nôtres leur céderont la place, quelque éloquents et dévoués à leur pays qu'ils soient. Mais si les hommes de l'Opposition sont sujets comme les autres à la fatigue, à l'erreur, à la préoccupation, avec la meilleure volonté et les intentions les plus droites, que les grands talents que renferme la Chambre et que les hommes éclairés qui sont si nombreux en France transportent leur dévouement au pays sur un autre terrain.

Nous avons à moraliser les classes indigentes et à leur procurer un travail plus productif et plus facile, à refouler les doctrines anti-sociales vers leur ténébreux séjour, et, ce qui serait encore mieux, à les convertir en lumières. Là est l'avenir de l'humanité bien plus que dans les questions de ministère, et même de dynastie.

Je respecte la fidélité des souvenirs; je fais plus, je la partage; mais la Providence seule dirige les événements qui décident du sort des dynasties. Laissons-lui faire son œuvre; pour nous, faisons la nôtre. En défendant à la tribune comme dans la presse les doctrines sans lesquelles pas une société ne peut tenir debout, nous aurons fait notre devoir, quel que soit le monarque que la Providence place sur le trône. Je n'admets point d'opposition systématique, si ce n'est contre le mal. Ce qui est bon et utile pour le peuple, je le défendrai toujours, quelle que soit l'autorité qui prenne en cela l'initiative. Loin de conspirer contre elle, je la bénirai.

FIN.